가는 길녘

가는길별

김제삼 세 번째 시집

머리말

세상에 태어나서
몇십 번의 강산이 변함에
올 한해는 황해도 옹진 작은아이의 목표로
'내 인생의 완성기'로 정했습니다.

시인대학 10기로 신청 후
존경하는 박종규 교수님의 훌륭하신 강의로
10주 과정을 무사히 수료하면서
감격스럽고 자랑스러운
수료증과 우수상을 받아 든 순간
눈물이 핑 돌고 가슴이 뭉클하여
나의 별명 '울보'라는 기억이 떠올랐습니다.

이번에 제 제1시집과 제2시집에서
일부를 뽑아서 세 번째 시집
『가는 길녘』을 펴냅니다.

"시인이 되기 전에 사람이 되라."는
박종규 교수님의 말씀을
늘 가슴에 간직하며
혼자만이 품고 지낸
애틋한 부모님 기리는 그리움으로
한 권의 책 속에 차곡차곡 엮어 보았습니다.

이렇게 그동안 써두었던 나만의 시를
또 한 권의 시집으로 펴 내게 되다니
감개무량합니다

감사합니다.

2025년 5월
시인 요한 김 제 삼

차 례

머리말/ 4
제1부 꿈의 목표/ 13

비밀/ 15
세상의 빛이 되고 싶다/ 16
제일 어려운 것은 마음이다/ 18
뛰고 또 뛰고/ 20
지하철/ 22
축복의 날/ 23
이웃사촌/ 24
산과 강/ 26
애인/ 27
다이어트/ 28
여의도/ 30
시간 속의 소중함/ 31
꿈의 목표/ 32

제2부 **삶의 참 모습**/ 33

구름 위에 길/ 35
긴 여행/ 36
키오스크에서/ 38
행복 여행/ 40
두바이 여행/ 42
기내식/ 44
빈손 인생/ 46
가는 길녘/ 48
C1 본사 방문/ 50
삶의 참모습/ 51
요지경 세상/ 52
눈물/ 53

제3부 보릿고개/ 55

자장면/ 57
작은아이/ 58
보릿고개/ 60
미꾸라지 사랑/ 62
나의 아버지 김주경/ 64
자식/ 66
나의 어머니 김순애/ 67
사과 반쪽이라도/ 68
셋방살이/ 70
가족사진/ 72
꽃게/ 74
소래포구/ 76

제4부 **어머니의 눈물**/ 79

어머니의 눈물/ 81
임진각에서 본 끊어진 철길/ 82
대답 없는 부모님께/ 84
어버이날/ 86
대청도/ 88
내 고향 창린도/ 90
황해 도민의 날/ 92
쉼표 마침표/ 94
시산제/ 95
이별/ 96
夫婦/ 97
총선/ 98

제5부 기다리며 피며/ 101

사랑/ 103
찔레꽃/ 104
이름 모를 꽃/ 106
연꽃/ 108
화무십일홍(花無十日紅)/ 110
봄/ 111
봄꽃/ 112
봄비 속에서/ 113
봄바람 불 때/ 114
솜처럼 피어난 봄꽃/ 115
산수유/ 116
이팝나무/ 117
기다리며 피며/ 118
원미산 진달래/ 119
튤립 박람회/ 120

제6부 꼭 한 번만이라도/ 121

똥/ 123
지렁이/ 124
뻥치기/ 126
석가 탄신일/ 128
노인복지관/ 130
꼭 한 번만이라도/ 132
장례식장의 화환들/ 134
보청기/ 136
명과/ 138
김치/ 140

에필로그/ 142

제1부 꿈의 목표

비밀
세상의 빛이 되고 싶다
제일 어려운 것은 마음이다
뛰고 또 뛰고
지하철
축복의 날
이웃사촌
산과 강
애인
다이어트
여의도
시간 속의 소중함
꿈의 목표

비밀

내 몸에 달라붙어 있는 꾸러미

잃어버리지 않으려고 애쓰지만
언젠가는 잃어버리겠지

나의 은밀한 비밀 구멍에
두었지만
언젠가는
나 아닌 타인에게
들키고 말겠지

아무리 풀어보려고 애써도
풀 수 없는 인생은
열쇠 같은 거

세상의 빛이 되고 싶다

꿈 많은 소년
목표를 세우고 달리던 시절

열네 살 어린 나이에
서른여섯에 젊은 나이로
세상을 떠나신 아버지
홀로 남겨진 어머니와
동생들을 지키기 위해

밤을 낮 삼아 살면서
배움을 게을리하지 않았고

늘 꿈을 꾸고 목표를 향해
그곳에 도달할 수 있는
인내를 키워왔다

이제 70대 중반
남은 인생 또한
더 큰 꿈을 향해
99 88 120세
사회에 봉사하며
칭찬과 소통하는
선구자가 되고 싶다

제일 어려운 것은 마음이다

마음이 쉽지 않다
비 오는 새벽 풍경처럼 잘린 듯
지워지는 먼 풍경들
마법사 같은 검은 새들은
창을 스치듯 날아다니고
어디에도 기다림을 심지 말라고
새벽 다섯 시는 얘기한다

비에 젖은 새들은
날개를 어디에서 말리는 걸까?

혹시 고단한 꿈도 꿀까
봄은 오는 듯 간다는데…

비에 젖은
꽃잎 몇 장마저 떨군
웃음 뒤의 찡그림처럼 사라진다

풍경을 지우듯 나를 지운다
사표를 낸 다음 날 눈을 뜨고
바라본 방안 풍경처럼
그래도 마음이 제일 어렵다

뛰고 또 뛰고

건강은 건강할 때
지켜야 한다는 정신으로
내 몸은 내가 지킨다

새벽 6시
땀에 흠뻑 젖으며 이어온
유산소 운동
벌써 30년

스포츠 댄스 20년으로 다져진
튼튼하고 건강미 넘치는 나의 몸

왕성한 봉사와 활동을 통해
큰 꿈과 목표를 가슴에 품고
심장이 뛰는 순간순간마다
많은 것을 보고 느끼며 살아간다

더 넓은 세상으로 발을 내딛고 보니
한도 없고 원도 없는
열정의 멋진 삶을 살 것을 다짐하며
김제삼 이름 석 자 남기고 싶다

지하철

새벽 5시부터
자정을 넘겨서까지
쉼 없는 땅속 누비는
달리고 달리는 두더지

너는 대한민국 모든 국민의 발
오늘도 내일도
너 없이는 살 수 없는 세상이 되었어

기쁨의 한자리를 차지한
서민들의 발이 되어 준
너에게 고마움의
칭찬의 박수 보낸다

축복의 날

땅을 떠나
하늘에서 열두 시간
세계 여러 나라를 내려다볼 때
창밖으로 스쳐 가는 작은 풍경들

구름 아래
눈 덮인 능선은 나란히 손잡고

역시
사계절이 뚜렷하고
울창한 산과 평야
강과 바다가 어우러진
대한민국에 태어난 것은
축복이 아니겠는가

우리 대한민국
금수강산이 최고로다

이웃사촌

옷깃만 스쳐도 인연이라 했던가

우연은 스쳐 지나치면 그만이지만
우연을 인연으로 만들고 싶다면
내가 먼저 다가가야 한다

이웃에 누가 사는지
모른다지만

이웃을 만나면
먼저 인사하고 작은 미소를 건네보자

눈이 오면 내가 먼저 비를 들고
길을 내고
그 길을 걷는 이웃은
미소와 마음까지 내게로 달려온다

이웃은 사촌이라 했던가
소풍 같은 즐거운 인생
우리 모두 행복하길 바래봅니다

산과 강

삼천리 우리 강산
산도 많고 들도 많고
강물도 흐르고
공기 좋고, 살기 좋은
나의 조국 대한민국

사계절이 뚜렷한
이 얼마나 좋은 나라인지
세계에서 큰 복 받은
우리나라

우리는 이 나라를
잘 가꾸고 키워서
자손 만데 물려주어
먼 훗날
칭찬받는 조상이 되어야 하겠습니다

애인

이거 없었으면
어떻게 살 수 있었을까
상상이 안 됩니다

문명의 이기(利器) 덕분이네
운전할 때는
누구에게 묻지 않아도
차분한 목소리에 아가씨가
늘 내 곁에 함께 동승한다

운전대를 놓은 지금은
길을 물으면
나의 손잡고 어디든지 데려가 준다

이제는
너 없이는 살 수 없어
덕분에 고마운 애인 같은
나의 사랑아

다이어트

왜일까?
물만 마셔도
체중계 바늘은
사정없이 위로 치솟는다

굶을 수도
운동만 할 수도 없고
먹고 운동하고
운동하고 또 먹는다

작심삼일 쉽지 않다

스트레스 푸는 방법을 터득했다
술 마시는 횟수를 늘리기도 줄이기고
아직은 65kg 유지하고 있다

이런 것을
다이어트 성공이라 할 수 있을까

보기엔 좋아 보여도
이제는 살을 키우지 말아야겠다

여의도

50여 년 전
공항 개발에
대한민국을 움직이던 여의도였다

요즈음은 왜 이리
시끄럽기만 한지
부탁 하나 하고 싶다

우리나라 대한민국이 여기까지
어떻게 왔는지
잠시 뒤돌아보며
서로에게 으르렁대지 말자

먼 훗날
무엇이 나라를 위함인지
무엇을 일궈 놓았는지
부디 좋은 일만 하길 바라는
국민의 한 사람으로서
목청 높여 외쳐본다

시간 속의 소중함

2024년 10월 1일
딱
오늘 같은 날만 있었으면 좋겠습니다

반복되는 날들 속에서도
오늘 같은 오늘은 단 한 번입니다

오늘이라는 날은
결코
두 번 다시 오지 않는다는 것을
잊지 마시고

소중한 시간
무언가를 남길 오늘이 되기를 바랍니다

꿈의 목표

벌써
일흔을 훌쩍 뛰어넘은 나이
앞으로 남은 삶이
얼마나 될지 모르지만
더 큰 꿈과 목표를 세워
세상에 나의 이름을 남기고 싶다

열네 살 어린 나이에
아버지 여의고
홀어머니와 어린 동생들을 돌보며
밤낮없이 열심히 살면서
배움만큼은 게을리하지 않았다

꿈이 많은 만큼
삶의 목표를 세우며
포기 없는 달성 하나로
오늘도 뛰고 또 뛴다

제2부 키오스크에서

오늘
키오스크에서
행복 여행
연꽃
봄비 속에서
바람에 실린 너
우물가
바람과 함께 떠난 임
솜처럼 피어나는 봄꽃
두바이 여행
기내식
꿈 목표
C1본사 방문

구름 위의 길

지금은 비행기를 위한 길이지만
머지않은 날
날아오르는 자동차
시대가 올 것이다

인간의 두뇌
무한히 발전하며 경지에 이르러
달나라 여행은 기본이 되고

구름 위 아우토반으로
드라이브 갈 날이 다가오고 있다

긴 여행

떴다 떴다 비행기
날아라 날아라
하늘 높이 날아라

두바이행 대한항공
비행기에 몸을 싣고

고도에 맞춰진 구름 위
열두 시간
백오십 분 긴 시간을 날아갔다
신기하기만 하다

위대한 대한민국
그 위상이 자랑스럽고
황해도 옹진에서 태어나
두 살 때 부모님 품에 안겨
월남한 행운아 김. 제. 삼

남은 인생 사회에 공헌하며
그 이름을 남기고 싶다

키오스크에서

"어서 오세요, 할아버지.
머뭇거리지 마시고요."

아무리 활짝 웃어주지만
겁부터 앞섭니다
물어볼 수도 없고
왠지 천덕꾸러기 신세가 된 기분이 들었고

그냥
발길을 돌리고 싶은
키오스크

바로 그때
"제가 도와드릴게요, 할아버지"

구세주가 나타났습니다

"커피 한 잔 주문하실 거죠?"

이마엔 식은땀이 송골송골 맺혔고
처음 간 나라이다 보니
당황하는 것은 당연했습니다

행복 여행

행복 여행은
버리러 가는 일입니다

무엇을 버리러 가는 걸까요
그것은 바로
알게 모르게
쌓아두었던 것들입니다

가슴에 박혀 있던
미움과 분노도 버리고

마음속 깊숙이 숨겨두었던
나만의 비밀 단지도 버리고

당신에게 쏟아내고 싶은
화풀이도 던져버리려고 갑니다

상처로 얼룩진
친구를 향한 서운함
불행 창고 속 잡동사니들도
모두 비우는 날입니다

돌아올 때는
행복에 겨운
환한 미소 한가득 가슴에 안고
돌아올 겁니다

두바이 여행

두바이 C1 본사 방문
내 생에 최고의
멋진 여행이었다

세계 최고들의
마흔두 사람이
인천공항 대합실에 모였다

거대한 활주로 위
기체는 뜨거운 혼혈의 열기 뿜으며
바닥을 차고 이륙 한 아래는
70년 살아온 인천 앞바다와
어깨를 나란히 멋지게 펼쳐져 있는
작은 섬
역시 장관이다

구름 위를 비행하는 열 시간
나의 입맛에 맞는
기내식이 배급되었다

열심히 살아온 황해도 작은 아이
이제는 당당한 선구자가 되어
성공의 하늘을 날고 있었다

기내식

이륙 후 1시간
드디어 기내식이 앞에 놓였다

와, 이렇게 맛있을 수가
내 입에 딱 맞는 맛있는 식사

구름 위에서 마신 와인의 맛
다른 세상을 맛보았다
세상에 태어나
최고의 대접받는 듯한 기분이었다

아랍에미리트 두바이행
10시간이라는 긴 여정에
걱정했었지만

대한항공 승무원들의
최선을 다하는 모습에서
고마움을 느꼈고
무사히 도착과 귀국까지 해주신
기장님께 감사드린다

빈손 인생

인생살이 새옹지마
아무것도 아닌 것을

이런들 어떠하리
저런들 어떠하리

잘나면 얼마나 잘났고
있으면 얼마나 있으랴

웃으며 칭찬하고
감싸안고 배려하고
감사하며 나눠주며
건강하게 살면 될 것을

자식 사랑 내 사랑
손자 사랑 내 사랑

봉사하며 후원하며
밥 사며 사랑하며
열심히 사는 내 인생
좋구나! 좋다

가는 길녘

넘어가는 노을
인생 뭐 있나요?

살다 보니
아무것도 아닌
용서와 배려로 이해하며 살면 될 것을

내 뜻과 생각이
틀릴 수도, 맞을 수도 있겠지만
굳이 자기 뜻대로만 살지 말아요

아픈 말 한마디로
가슴에 못 박지 말고
따뜻한 한마디로
치료가 될 수 있도록
무일푼 칭찬
아끼지 말고요

좋아도 내 사랑
미워도 내 사랑
그냥 그렇게 살면 좋으련만

미워한들 무엇하리오
그런 사람마저 없다면
외로워서 어찌 살까나

지는 해
긴 그림자 바라보고
동무하고 웃으며 같이 가는 것도
괜찮을 텐데

C1 본사 방문

꿈에 그리던 환상의 도시
세계 제일의 두바이
크라우드 본사 방문은
꼭 가보고 싶었던 곳이었다

지난 시간들
우여곡절도 많았지만
오로지 C1에 집중했다
다행히 실버 비즈니스가
자리 잡혀 몰입할 수 있었다

10월
C1 본사의 상장 쇼 행사에
참석하기 위해
프로모션에 최선을 다하고
또다시 참석하고 싶어진다

아직 남은 인생
꽃 피는 봄날처럼 영원히 믿고 싶다

삶의 참모습

사랑을 하는 자
사랑을 받는 자
얼굴에선 늘 미소 머금고

행복은
웃음꽃 속에서 피어나며

이해와 배려는
서로를 부드럽게 이어주는
마음의 씨앗입니다

우리 삶의 잔잔한
여유가 바로
사랑, 행복, 이해, 때문입니다

요지경 세상

내 삶이 힘들다는 것
강 건너 불구경쯤으로
알았을 땐 늦었지

누구나 그렇게 산다지만
그런 분도 있고
주변을 둘러보면
아닌 분도 있다

그래서 세상은
요지경이란 노래도 있지 않은가
그 또한 내가 만드는
삶이 아닐까

눈물

날마다
새끼 자식만 보면
눈물인지
이슬인지

그저 그렇게 흐른다

서러움인지
그리움인지

알 수 없는
나만의
눈물인지
이슬인지
그런 삶이라는 걸
너는 알겠지?

제3부 보릿고개

자장면
작은아이
보릿고개
미꾸라지 사랑
나의 아버지 김주경
자식
나의 어머니 김순애
사과 반쪽이라도
셋방살이
가족사진
꽃게
소래포구

자장면

외식으로
볶은 춘장 덮은 자장면을
마주할 때면
아버지가 생각난다

60년 전
우리 부자는
미림 극장에서 영화를 본 뒤
중국집으로 향했고
앞에 놓인 자장면 한 그릇을
순식간에 비워냈다

세월이 흐른 지금
어쩌다 중국집에 가면
아버지가 앞자리에 앉아
입가를 정리하시고 계신다

작은 아이

황해도 옹진군 작은 아이

두 살 때 엄니 등에 업혀
큰 배에 실려 남으로 피난했다

엄니 젖과 고구마 먹으며
어렴풋이 기억 속에 있다

대청도 앞바다에서 잡은 우럭
맑은 지리탕 안에 알을 건져 먹던 그때
38선에 휴전선이 그어졌고
고향으로 돌아갈 수 없었다

인천으로 건너온 키 작은아이
학교에선 늘 맨 앞자리는
늘 나의 자리였다

하지만
군에서 군악대의 리더십을
배운 난
단원들을 이끌게 되었고

제대 후
200여 권의 경제 서적이
나의 삶을 바꿔 놓았다

세계 리더들의 성공법을 배우게 되었다

지금은 작은 아이가 아닌
제법 큰 아이가 되어
행복한 내 인생을 살고 있다

보릿고개

누구에게나 어려운 시절이 있다.
초등학교에서 '보릿고개'를 배웠지만
내게 보릿고개는 따로 있었다

36세에 세상을 떠난 아버지
엄마와 5남매를 책임지게 된 나는
어깨가 무거웠다

엄마는 새벽마다 장사 나가셨고
나는 동생들 챙기고
막냇동생 업은 채
엄마를 찾아 헤매야 했다

못 먹어 힘들었던 때가 아니고
어린 나이에 감당한 삶이
내 보릿고개였다

힘들게 키운 동생들
잘 자라줘 고맙다

남은 날
부모님을 생각하며
함께 가자
내 동생들아

미꾸라지 사랑

추어탕 한 그릇 앞에 앉아
문득 가슴 저려 눈물이 핑 돈다

어릴 적
어머니가 끓여주시던 미꾸라지탕

병환으로 힘들어하시던 아버지
몸 보하시라 끓이던 탕이었는데
엄니는 늘 맏이인 내 몫까지 챙겨주셨다

세상을 먼저 떠난 아버지
그 빈자리를 대신해
호주가 되어버린 엄니
그 지난날들이 주마등처럼 스쳐간다

엄니 표 추어탕
언제 다시 그 맛을 볼 수 있을까

떠나는 날까지
근심 놓지 못하셨던 엄니
오늘따라 몹시 생각난다

나의 아버지 김주경

거리에 나서면
학교 가는 학생들이 눈에 들어설 땐

습관처럼 떠오르는
봉지에 쌓인 알사탕 생각에
마음이 울컥입니다

열심히 공부하라고
손에 쥐여 주는 알사탕 한 개

포근한 정이 담긴
손과 손을 마주 잡았던
지금은 어디에서도 받아 볼 수 없는
아버지 마음

아버지
어젯밤엔
엎치락뒤치락
그립도록 보고 싶어
죄 없는 이불만 귀찮게 했습니다

자식

35세에 5남매를 홀로
키우신 울 어머니

자식들 잘 되라고
정 한수 떠 놓고 빌며
우시던 울 어머니

정규 교육은
받지 못하셨지만

예의범절 절약 정신
교육을 철저히
시켰던 어머니

그 정신 이어받아
덕분에
우리는 잘 살고 있습니다

나의 어머니 김순애

새벽 5시
어김없이 어시장 향하는 발소리

아버지 옆자리엔
언제나 어머니 혼자였고
추녀 끝에 제비처럼 늘어앉은
어린 5남매 굶김 없이
몸에 배어있는 생선 냄새

배움은 없지만
엄한 교육으로 강하게 5남매 키워내신
장한 어머니
어버이날이 되니
깊은 생각에 잠겨봅니다

어머니
헌신적인 사랑
존경합니다

사과 반쪽이라도

어려웠던 살림에
어머니는 아버지 제사를 꼭 지냈다

제사상에 차려진 음식과 과일
제사를 모신 후
동생들과 나눠 먹던 사과

엄니는
사과 한 쪽도 목으로 넘기지 않으셨다
세 살배기 동생은
"엄마 왜 안 먹어!"

"응 난 못 먹는단다 !"

엄니는 왜 사과를 못 먹는 다고 했을까
엄니의 마음을 알 리 없는 우린
쩝쩝대며 맛있게 먹었기만 했었다

다섯 남매
하나라도 더
입에 넣어주려 했던 마음을

철이 들어
엄니가 돌아가신 뒤에서야
사과 한 쪽 못 잡시던 엄니가
가슴 저미도록 생각난다

셋방살이

집 없는 서러움과
아버지 없는 설움은 한없이 컸다

애들이 많다고
콧구멍만 한 작은방도 외면하던 그 시절

서른다섯 다섯 남매 거느린
과부 김순애 울 엄니는
셋방살이를 전전해야 했다

장사 나가시려면
새벽밥 지어놓고
아이들만 남겨야 했던 우리 집
걱정은 꼬리에 꼬리를 무는
그 마음은 오죽했을까

10여 년
생선 냄새를 향수처럼 몸에 바르며
고생 끝에 장만한 우리 집

그날 기쁨의 눈물은 엄니의 볼을 타고
흐르는 강물이 되어
그칠 줄 몰랐다

고생한 보람의 눈물인가
서러움의 눈물인가

그날
엄니의 눈물 앞에서 다짐했었다
잘 살아야겠다고
그리고 난 아무 말도 하지 못했다

가족사진

삼팔선을 넘어올 땐
어머니는 어린 나를 등에 업고
아버지는 살림살이라곤
지게 하나 작대기 하나 지고 오셨다

오 남매 낳고 키우느라
고생만 하신 세월 속에
다른 집엔 방문 위에 걸린
흔한 가족사진 한 장 없었다

아버지 어머니
그곳에서 가족사진 찍으셨지요
두 분 만나니 많이 행복하신가요

저도 언젠가
그곳에 가면
두 분께 못다 한 효도
맘껏 할게요

꽃게

요즘은 꽃게 철
소래 포구 어시장
통통하고 알이 꽉 찬
대야 속 꽃게들이
왕발을 내밀며 유혹한다

꽃게는 무엇을 먹고 살까
어릴 적엔 궁금했었다

엄니가 생선 장사를 하셨기에
동생들과 꽃게를 많이 먹었지만
그때는 맛을 왜 몰랐을까

어머님 장사 마치고
남은 꽃게를 가져와 밥 대신 먹었기에
소중함을 느끼지 못했던 걸까

지금도 꽃게를 보면
그리운 엄니
생각에 잠긴다

소래포구

1937년 7월 11일
외선 협궤열차가 개통되었다

승객은 주로
인심 좋은 농어촌 시골 아지매들

협궤열차가 들어서는 시간
송도역은 어느새 시골 장터로 변한다

손끝으로 키운 농작물
올망졸망 보자기에 싸서
머리에 이고 등에 지고
역 마당 가득 펼쳐놓는다

열차 시간에 맞춰
팔려는 사람
사려는 사람들로 북적인다

그러나 1995년 12월 31일
협궤열차는 역사 속으로 사라졌고

붐비던 송도역 마당은 텅 비었다

이제는
소래포구 어시장이 대신한다

해마다 5월이면 새우젓을 담그느라
주부들의 분주한 발길이 이어지고
포구는 소란스러운 삶의 향기로 샘솟는다

바다와 이어지는
구경거리가 많은
멋진 다리는
산책길로 구경꾼들을 부른다

제4부 어머니의 눈물

어머니의 눈물
임진각에서 본 끊어진 철길
대답 없는 부모님께
어버이날
대청도
내 고향 창린도
황해 도민의 날
쉼표 마침표
시산제
이별
夫婦
총선

어머니의 눈물

세상이 모두 잠든 새벽
엄니는 자식들을 위해
장독에 정한수 한 그릇 떠 놓고
天地神明께 빌며 울고 계셨습니다

가슴 저미는 그 모습을 보게 되었고

정규 교육은 받지 못하셨지만
예의범절과 절략 정신을
철저히 지키셨던 엄니
그 정신 받들어
저희는 잘살고 있습니다

임진각에서 본 끊어진 철길

두고 온 고향 땅 부모 형제를 기리는
망배 단에 엎드려
제를 올리는 실향민들

임진각
끊어진 철길은 녹슬고
아쉬움도 서서히 녹이 슬어간다

손을 놓아버린 부모 형제
의지할 곳 없는 서러움의 눈물은
가는 할 수 없는 70년 세월이 지나가고

오도산 통일 전망대에 오르니
눈가에 흐르는 눈물 손에 받아 든 실향민
눈동자 멀리 북한을 바라보는 모습은
애처롭기만 했다

육안으로 보이는 획일화된 집
우리와는 대조적 풍경이 펼쳐지고

아 멀어져 가는
통일의 그날을 기대하면서
쓸쓸히 돌아서는 발걸음
무겁기만 했다

대답 없는 부모님께

태어난 고향이 이북이지만
수봉공원에 마련된
5도민 망향제 제단이 있다

5도 실향민들은
설날, 한식, 추석이 돌아오면
두고 온 고향의 부모 형제 그리며
제를 올린다

나는 실향민 2세
군민회 부회장
기억나지 않는 고향이지만
돌아가신 부모님 대신 참석한다

무릎 꿇고 술잔 채울 때

" 엄니 아버지 잘 계시지요?"

나의 말은 허공에 맴돌고
부모님은 대답이 없으시다

어버이날

어버이날은 왔지만
어버이는 보이지 않고

부모님 품에 안겨
고향 떠나온 지 어느덧 칠십 년

아버지는 삶에 지친 끝에
우리의 손을 놓고 떠나셨고

어머니 홀로되어
다섯 남매 키우시며
일흔두 살에 아버지 따라가셨다
부모님 고생하심을
어찌 다 표현할 수 있으리오

자식은 부모 살아 계실 때
잘하라는 어르신들의 말씀

부모님 없는 집안에선
잔소리 쓴소리 대장이 될 수밖에 없었다

딸 사위에게 늘 하는 말
손자들에게는 지적보다는 칭찬을
꾸짖음보다는 소통을
자신감을 심어주라고

그렇게 말끝을 맺는다

대청도

엄니 아버지 품에 안겨
피난 생활하던
아름다운 섬 대청도

대청도에 정착해
삼 년을 살아가는 동안
많은 추억이 생각난다

멸치와 사촌 까나리를 말리던 곳
엄니와 함께 꼰 밥을 따먹으며
참새와 놀던 시절

엄니가 인천으로 떠나고
텅 빈 집에 아버지와 함께
밭에서 오이 한 바구니 따서
이모네 집에 가서
아침 먹던 생각도 나고

바람이 거세게 불던 날이면
모래고개 미끄럼 즐기던 추억도
생생하게 생각난다

이제는
보고 싶은 분들은 계시지 않고
추억만이 그리운 대청도

엄니 아버지 그립습니다

내 고향 창린도

나 태어난 창린도 그 섬

2살 때까지 살던 곳
기억은 없지만…

황해도 옹진반도 지도를
옹진군의 직책을 맡고 있기에
자주 들여다보는 편이다

전쟁 휴전 당시
옹진반도의 많은 땅을 빼앗겨
옹진군은 겨우 명맥만 이어가고 있다

가끔 김정은이 대포를 쏘아
세상에 이름을 알린 곳
바로 내 고향 창린도

아~
그리운 내 고향
통일을 꿈꾸며
오늘도 창린 도를
마음속에 그려봅니다

황해도 도민의 날

매년 5월 5일

두고 온 고향을 그리워하며
2세대, 3세대, 4세대가
통일과 애향의 정신을 함께 나누자는 뜻으로
어린이날과 같은 날로 정했다

이날은 어린이 사생대회
기념식 및 도민상 시상
체육대회 순으로 진행된다

1세대 어르신들은
고향에 두고 온 형제들을 생각하며
막걸리 한 잔에 목을 축이고
눈시울을 붉히곤 한다

황해도 옹진의 한 작은 아이도
부모님을 따라다니다가
이제는 제법 큰 사람이 되어
자신의 역할에 최선을 다하고 있다

1세대, 2세대 어르신들이
차례로 떠나시면서
행사의 규모가 점점 줄어드는 것이 아쉽다

이제는 남북통일이 하루빨리 오기를
간절히 소망해 본다

쉼표 마침표

우리 가족을 위하여
70년을 살아온 어머니

함께 오지 못한 부모 형제
틈만 나면 향을 그리워
우시던 부모님

쉼 없는 자식들 뒷바라지 덕분에
이제는 잘 먹고 잘 쉬면서
멋지게 살고 있어요

살만하니 마침표를 찍으신
그리운 부모님
이 아들은 오늘도
부모님 보고 싶어
눈물로 밤을 지셉니다

시산제

해가 바뀌고 봄이 오면
산악인들은 산신령께
한 해의 안녕을 빌며
막걸리 한 잔 따르는 제사를 올린다

산을 탄다는 것은
큰 축복이자 커다란 행운이다

어영차 산악회 시산제

막걸리 한 잔의 위력은 얼마나 될까
건강하고 다부진 몸으로
산에 우둑 설 수 있음을
산신령께 감사드리며
조심스레 술 한 잔 부어 올린다

이별

꼭 다시 만나자며
눈물로 손가락 걸고
약속했던
떠난 그 사랑

첫눈이 오면 그곳에서
다시 만나자 약속했지만
어머니 손에 이끌려
멀리 떠나야 했던 사랑

50년 넘도록
소식조차 몰랐던 그 사람

이제야 그녀 친구를 통해
소식을 들었지만
다시 만날 수 있을까
기다려지는
사랑했던 명자 씨

夫婦

부부는 돌아서면
남이 되는 걸까

IMF 때 공장 부도로
위장 이혼을 했고

빚쟁이에게 쫓기며
두 딸 힘겹게 키워
시집까지 보냈다

20년 만에
개인회생으로
모든 걸 되찾았건만
돌아오지 않는 아내

피 한 방울 섞이지 않은 부부
결국 남이 되었다

총선

4·10 총선 결과는
소통 부재에 대한
하늘에 엄중한 심판이었다

이번 총선을 통해
나는 인생에서 많은 것들을
경험했다

평가는 남이 하는 것인데
자기만 옳다고 믿었던
어리석음

하늘이 정하고
하늘이 심판한다는 것을
다시 한번 깊이 깨달았다

권불십년(權不十年)
십 년 가는 권력도 없다
하지 않는가

어찌하랴!
결과에 만족하고 순응하며
다시 올 기회를 기다릴 수밖에

제5부 기다리며 피며

사랑
찔레꽃
이름 모를 꽃
연꽃
화무십일홍(花無十日紅)
봄
봄꽃
봄비 속에서
봄바람 불 때
솜처럼 피어난 봄꽃
산수유
이팝나무
기다리며 피며
원미산 진달래
튤립 박람회

사랑

내 사랑 목련화야
너의 희고 순결한 모습에
내 마음
설레게 하는구나

나도 너처럼
조용하고 우아함을
한 몸에 품고 싶어지는 건
무슨 사연 숨어 있을까

찔레꽃

언덕 언저리에 핀
촘촘한 작은 가시가 많은
찔레꽃

동생 업고 엄니 기다리다
꽃잎 따서 쪽쪽 빨아먹던
찔레꽃

가슴이 훨훨 타들어 가도록
기다리게 하는
찔레꽃

그리운 사랑이려
하얀 꽃
찔레꽃

찔레꽃 향기가 그리도 슬픈지
밤새워 울어 본 적이 있는
찔레꽃

오늘도
너를 만나기 위해
살며시
두 눈을 감아본다

그리운 사랑 기다리며

이름 모를 꽃

요즘 산과 들
금수강산 어디를 가든
푸르름이 우거진 가운데

희귀한 야생화들은
저마다 자태를 뽐내며
진선미 선발대회를 연다

우리 아파트 단지 공원에도
화려하고 고귀한
수줍어 붉게 물든 꽃 하나

내 사랑
그 여인도 함께
다소곳이 피어 있다

심사 위원에게 잘 보이려
웃음꽃을 활짝 핀
싱그러운 계절은
행복으로 가득하다

연꽃

시흥 관곡지 연꽃 공원에서
심청이를 보았습니다

홍색과 백색
우아한 자태로 피어난
당신은 꽃입니다

진흙더미 속에서 피어난
몽우리에는
부모를 사랑하는 애틋한
효심이 담겼습니다

고귀한 그 모습에
내 마음도 저절로
겸손해지고

흙 속을 가득 채우는
부처님 같은 포용의
우아함이여

들바람에 나비처럼 노닐다
그대로 잠들고 싶은
영원히 꿈이라도 좋으니
당신을 다시 만나고 싶어집니다

화무십일홍(花無十日紅)

아무리 탐스럽고 붉은 꽃이라도
열흘 넘게 피는 꽃은 없다

진달래 누이 개나리 소년
어머니 닮은 목련
화사한 벚꽃
꽃들이 만개한 사월

바람에 흩날리는 꽃잎
연초록 나뭇잎은
천지를 푸르게 물들이고
떠난 임이 돌아오려나
가만히 기웃거려 본다

봄

새싹이 솟아오르면
마음부터 설렌다

산유화를 시작으로
목련 진달래 개나리
그리고 벚꽃이 피겠지

나의 인생도
너희들처럼 환하게 피어
이 봄과 함께 빛나기를

봄꽃

동지섣달 엄동설한을
견디며 널 기다렸지

추위에도 흔들리지 않고
너는 다시 피어났구나

고맙다 사랑스러운 너

내 인생도 피어날 그날을
다짐했었어

봄꽃아 고맙구나
늘 곁에 있어 주길 바랄께

봄비 속에서

연분홍 꽃은
설렘 속에 내 마음 가두고

말 한마디에
가슴이 물들고

미소 하나에
얼굴이 물든다

영산홍 꽃 한 송이
고운 마음이 물들고

떨어지는 꽃잎 하나하나에
가신님 그리워 눈물짓는
내 마음에 꽃비가 내린다

봄바람 불 때

봄바람이 남쪽에서 불어오면
가슴에 담아 둔 그리운 그녀
생각난다

무슨 바쁜 일이 있다고
이른 나이에 먼저 떠났을까

부모님 고향 찾아
자식 하나 잘 키워 보겠다고
큰 꿈 안고 제주로 건너가
고생을 마다하지 않고 열심히 살던
당신

젊음을 꽃피워 보기도 전에
불의의 사고로
머나먼 길을 떠난 봉자 씨

봄바람이 남쪽에서 불어올 때면
당신이 더욱 그립다

솜처럼 피어난 봄꽃

뒷동산에 봄이 오려나 보다
엄동설한에 꼭꼭 숨어 기다린 복수 초
눈앞에 다가서고

물기 없는 마른 가지
거센 바람에도 꺾이지 않는
고집스러움

봄볕에
솜처럼 피어난 가지마다의
아름다운 꽃들

꽃이 지고
계절도 지고
나도 언젠가 너처럼
활짝 필 그날을 믿었다

내 곁에 다가온 봄아
고맙다 사랑한다

산수유

엄니 잠든 산에도
노란 산수유 꽃이 피었다
기다리고 기다리던
울 엄니 닮은
활짝 핀 꽃

송이마다
앳된 엄니 얼굴이 들어 있어
꽃잎 하나하나에
엄니 김순애 이름 새겨본다

이팝나무

청빛 보리 살랑이고

허기진 뱃속
꼬르륵 소리가

알찬 이팝 열매
바람에 흔들리고
봄비에 추수를 서두르려
털어 내려 한다

후드득후드득
땅 위로 쏟아진 열매

너를 보며 허기를 달랜다
고맙다 이팝아

기다리며 피며

움트는 소리에
마음이 설렌다

노란 산수유
하늘바라기 목련
붉게 물든 진달래
울타리 가득 개나리
마당을 채운 벚꽃

오랜 기다림 끝에
인생의 꽃들도 폈다지만

올봄
너의 행복도
활짝 피기를 기다린다

원미산 진달래

원미산이 불탔다
분홍빛 진달래는
핏빛으로 물들고

사람들은 덩달아
이 산 저선 불났다며 소란스럽다

가자
자 지금부터
진달래 꽃동산으로
꽃구경 불구경 함께 가자

튤립꽃 박람회

4월 중순
벌서 여름이 당겨졌다
충남 태안 안면도 튤립꽃 박람회
꽃을 사랑하는 내 마음을 조심스레 유혹하는
설렘을 안겨주었다

예쁘게 수놓은 튤립 꽃밭
흘러간 시다 보니 속에
잠시 머물며
꽃을 좋아하던 동창생
그녀가
문득 생각이 났다

지금은
어디서 잘 살고 있을까
꽃처럼 환했던 나의 친구
목소리도 듣고 싶어진다

제6부 꼭 한 번만이라도

똥
지렁이
뻥치기
석가 탄신일
노인복지관
꼭 한 번만이라도
장례식장의 화환들
보청기
명과
김치

똥

똥 퍼 똥 퍼
어릴 적
도시 동내를 울리던
똥 푸라고 외치는 소리

농촌 해우소에서
밭으로 옮겨
소중한 비료가 되었지

지금은 볼 수 없는
아련한 풍경

예쁜 똥아
오늘도 시원히 잘 나오는구나
건강한 내 몸의
영원한 상징이 되거라

지렁이

지렁이 꿈,
해몽은 좋다지만

낚시터에선
네 몸이 미끼가 되어
붕어를 낚고
매운탕으로 삶을 보신한다

친환경 배양토 지렁이 똥
식물들에겐 최고의 영양
우리에게 이로우나
비 오는 날
땅 위로 기어 나와
해가 뜨면 마르고
발에 밟혀 죽거나
개미 밥이 되는 너
안타깝다

비 오는 날은
너를 찾아 헤매고
지독한 냄새를 지닌 너의 몸을
풀밭으로 돌려보내며
속삭인다

"꼭 살아야 한다."

뻥치기

'파삭' 정겨운 소리
안면도 튤립 박람회에서 만나 뻥튀기

지폐 한 장과 맞바꾼
동그란 뻥튀기 한 봉지

어릴 적
동네 공터에서 들리던
뻥치는 소리는
온 동네 구수함을 소문내고
아저씨의 뻥치는 소리가 너무 멋있었다

"기계에 초가집을 넣고 튀기면
고래 같은 기와집이 나오고
아이를 넣고 튀기면
커다란 어른이 되는 뻥이요~!

그땐 정말 그런 줄 알았다
뻥 소리는
동네 꼬마들을 모이게 했고

인심 좋은 아저씨
튀밥 한 주먹씩 나눠주면
미끼에 걸려든 아이들
엄마를 졸라
쌀 한 바가지 들고 뛰어갔다

밀가루 자루 하나만큼 불어난 뻥튀기
식구들 간식거리가 되고
좋아라 깔깔 웃는 아이들

어린 시절
생각 속에 빠져보았다
"뻥이요, 뻥~"

석가탄신일

사월 초파일
석가탄신일이다

내 신앙은 개신교이지만

힘들고 지쳤던 그 시절
조용히 절을 찾아
합장하곤 했었다

연등이 달리면
내 생일도 함께 달리는
사월 오일

지금도 기억해 주는
이들이 많아 참으로 행복하다

자비의 정신으로
봉사하고 나누고
후원하며
칭찬하고 소통하며

남은 인생
원 없이 후회 없이
살다 가리라 다짐해 본다

노인복지관

100세 시대
노인복지관은 더불어 살아가는
희망찬 노년의 문화를
선도하는 곳이다

바둑 당구 댄스 수영 등
지자체마다
다양한 프로그램을 마련해
마음만 먹으면 무엇이든
배울 수 있다

무료 셔틀버스 운행
오전 수업 후 영양 만점
무료 점심
주말 식사 제공까지
세심한 배려를 느낄 수 있다

하루 일과를 마치고
귀가하는 시간
그야말로 지상낙원이다

세계 최고 수준의 노인복지시설
70대 중반인 나 역시도
즐겁게 이용하며
살기 좋은 우리나라
대한민국 파이팅!

꼭 한 번만이라도

하늘엔 그림 잘 그리는
화가가 산다

파란 도화지 위에
흰색 물감으로 그리는
재주 좋은 너

풍선처럼 두둥실 떠다니는
강아지 낙타도 좋지만

꿈에서만 볼 수 있는
울 엄니, 아버지
꼭 한 번만이라도
그려주면
얼마나 좋을까

오늘은
너에게 부탁하고 싶구나
너는 일등 화가잖니

장례식장의 화환들

95세 호상이라고 웃던 상주

결혼식장은 축의금만 내고
장례식장은 조화 보내고

방문해야 편안해지는 마음에
장례식장을 다녀왔다

인간관계 과시처럼
문전 양옆으로
끝없이 늘어선 근조화환
어림잡아 백여 개
돈으로 환산하면 얼마나 될까

부모 살아생전
늘어선 화환의 꽂힌 꽃의 수만큼
자손들은 사랑과 정성을 베풀었을까

입 벌어지는
장례식장을 다녀오면서
우리나라의 결혼식과 장례식 문화
이제는 바뀌어야 한다고
생각해 보았다

보청기

좋은 소리 나쁜 소리
가려듣는 시대는 지났습니다

여러 직업군에 종사하며
오랜 시간 노출되어야 했던
우리의 젊은 날

어느 날
귀가 안 들리는 신체의 병이 찾아왔을 때
대인 관계에 소외감마저 느끼고
우울증이 동반되는
치매로까지 이어질 수밖에 없는
참지 말고 전문의를 찾아 상담하세요

초고령화 시대에 사는 우린
이제 보청기는 필수가 되었고

정부에서는
청력검사 시 수치 미달이 되면
무상으로 보청기 지원해 주는
청각장애 복지제도가 있습니다

아름다운 이 세상
구구팔팔 백이십 세(9988 120)까지
잘 듣는 행복함을
함께 누리시길 바랍니다

명과

동인천역 근처 길모퉁이 빵집
보통 시민과
인생을 더불어 사는 시민들로
나뉘어있는 구도심

미추홀구 송현동 아름다운 빵집은
'무인 판매'로 운영한다

진열장에 쓰여 있는 글귀 하나

"빵을 드실 만큼 가져가시고
돈은 문 밑으로 넣어주세요."

넉넉지 않은 사람들이
모이는 동인천역 북광장 근처

이곳 빵집의 빵값은 저렴하고
크기도 엄청나게 크고 맛도 있어
나의 단골집이 되었다

교회 장로님이 30년을
운영하는 아름다운 빵집
진정 대한민국의
'명과점'이다

김치

세계인들이 더 즐겨 먹는다는
전통적인 우리 고유 음식

세끼 식탁에 있어야 할
발효식품

종류도 가지가지
셀 수 없을 정도로 많다

울 엄니
겨울 김장으로 배추 150포기를 담근다

다른 집 김치와도 비교할 수 없는 맛
싱싱한 젓갈을 많이 넣고
정성도 듬뿍 넣었기 때문인가

추운 겨울밤
아궁이에 군고구마 한 바가지 굽고
서걱서걱 언 김치 한 포기 쭉쭉 찢어
손가락 쪽쪽 빨며 먹던
김치는 최고의 맛이다

이젠 겨울이 와도
손가락 쪽쪽 빨며
군고구마와 시원한 김치를
먹을 수 없음에
겨울이면
어머니 손맛이 더욱 그리워진다

에필로그

지금도 자유공원에 올라가면 나를 좋아했던 누나가 눈물을 훔치며 수줍어하는 모습이 눈에 들어와 피식 웃다 보면 지난날 필름 속엔 동생의 고픈 배 채워 주려고 등에 업고 장사가신 엄마 찾아 헤매는 어린 내가 한쪽에 서서 나를 바라보다 사라집니다.

전쟁이 일어난 후 부모님은 황해도 옹진에서 머구리배에 몸을 싣고 대청도로 피난 내려와 이제나저제나 돌아갈 날을 기다리다 휴전이 되어 고향으로 돌아갈 길이 막힌 부모님은 인천 동구 만석동 판자촌에 정착하게 되었습니다.

아버지는 동인천역 중앙시장 내 미군 부대에서 흘러나온 물건들을 사고파는 일명 양키 시장에서 구두와 옷 가게를 하시며 4남매를 더 낳아 5남매를 기르셨습니다.

가족들의 생활을 책임져야 했던 아버지의 고단했던 삶은 36세라는 젊은 나이에 우리를 남겨두고 저세상으로 먼저 떠나셨고, 그 자리는 어머니가 채워야만 했습니다.

이른 새벽 어시장으로 향하는 발걸음은 35세에 홀로된 아버지 역할까지 하며 5남매를 책임져야 했던 어머니, 어머니 몸엔 늘 생선 냄새가 배어 있었고 그 냄새 덕분에 우리를 배불리 먹이고 남들에게 떨어지지 않도록 열심히 뒷바라지해 주었던 어머니의 생선가게는 다른 가게들보다 더 잘 되어 돈도 많이 벌렸고 풍족하게 살 수 있었음은 아마도 하늘에서 아버지가 도와주시지 않았을까 생각해 봅니다.

72세로 아버지 따라 하늘로 떠나신 어머니, 이젠 모두가 잘살고 있는 우리 형제들 늘 아버지 어머니께 감사하며 더욱더 열심히 살겠다고 약속합니다. 애틋한 부모님 생각을 담은 저의 시집을 하늘로 돌아가신 부모님께 눈물로 바칩니다. 아버지, 어머니 사랑합니다.

2025년 5월 1일
시인 요한 김 제 삼

가는길별

초 판 인 쇄	2025년 05월 07일
초 판 발 행	2025년 05월 14일
지 은 이	김 제 삼
발 행 처	다담출판기획 TEL : 02)701-0680 서울시 영등포구 영신로30길 14, 2층
편 집 인	박 종 규
등 록 일	2021년 9월 17일
등 록 번 호	제2021-000156호
I S B N	979-11-93838-43-3 03800
가 격	16,000원

본 책은 지은이의 지적재산이므로 무단전재와 복제를 금합니다.